ADVENTURES

MY ROAD TRIP JOURNAL

Copyright © Hayden Macfarland
All Rights Reserved.
No part of this publication can be used or reproduced in any manner
whatsoever without written permission except in the case of brief quotations
embodied in critical articles and reviews.
First Edition: 2021

DATE:___/___/___ TIME: ___:___

WEATHER: _____

WHO: _____

DEPARTING FROM: _____

ODOMETER READING: _____

$_____ PER GALLON _____ GALLONS

TOTAL MILES_____

MILES PER GALLON:_____

OTHER: _____

_____

ROUTE TAKEN: _____

PIT STOP: _____

SLEEPING + DINING EXPERIENCES:

_____

_____

_____

PLACES TO REMEMBER FOR NEXT TIME:

_____

_____

_____

DATE:___/___/___   TIME: ___:___

WEATHER: _____

WHO: _____

DEPARTING FROM: _____

ODOMETER READING: _____

$ _____ PER GALLON _____ GALLONS

TOTAL MILES_____

MILES PER GALLON:_____

OTHER: _____

_____

ROUTE TAKEN: _____

PIT STOP: _____

SLEEPING + DINING EXPERIENCES:

_____

_____

_____

PLACES TO REMEMBER FOR NEXT TIME:

_____

_____

_____

DATE:___/___/___   TIME: ___:___

WEATHER: _____

WHO: _____

DEPARTING FROM: _____

ODOMETER READING: _____

$ _____ PER GALLON _____ GALLONS

TOTAL MILES_____

MILES PER GALLON:_____

OTHER: _____

_____

ROUTE TAKEN: _____

PIT STOP: _____

SLEEPING + DINING EXPERIENCES:

_____

_____

_____

PLACES TO REMEMBER FOR NEXT TIME:

_____

_____

_____

DATE:__/__/__   TIME: __:__

WEATHER: _____

WHO: _____

DEPARTING FROM: _____

ODOMETER READING: _____

$_____ PER GALLON _____ GALLONS

TOTAL MILES_____

MILES PER GALLON:_____

OTHER: _____

_____

ROUTE TAKEN: _____

PIT STOP: _____

SLEEPING + DINING EXPERIENCES:

_____

_____

_____

PLACES TO REMEMBER FOR NEXT TIME:

_____

_____

_____

DATE:___/___/___   TIME: ___:___

WEATHER: _____

WHO: _____

DEPARTING FROM: _____

ODOMETER READING: _____

$_____ PER GALLON _____ GALLONS

TOTAL MILES_____

MILES PER GALLON: _____

OTHER: _____

_____

ROUTE TAKEN: _____

PIT STOP: _____

SLEEPING + DINING EXPERIENCES:

_____

_____

_____

PLACES TO REMEMBER FOR NEXT TIME:

_____

_____

_____

DATE:___/___/___   TIME: ___:___

WEATHER: _____

WHO: _____

DEPARTING FROM: _____

ODOMETER READING: _____

$ _____ PER GALLON _____ GALLONS

TOTAL MILES_____

MILES PER GALLON:_____

OTHER: _____

_____

ROUTE TAKEN: _____

PIT STOP: _____

SLEEPING + DINING EXPERIENCES:

_____

_____

_____

PLACES TO REMEMBER FOR NEXT TIME:

_____

_____

_____

DATE:___/___/___   TIME: ___:___

WEATHER: _____

WHO: _____

DEPARTING FROM: _____

ODOMETER READING: _____

$ _____ PER GALLON _____ GALLONS

TOTAL MILES_____

MILES PER GALLON: _____

OTHER: _____

_____

ROUTE TAKEN: _____

PIT STOP: _____

SLEEPING + DINING EXPERIENCES:

_____

_____

_____

PLACES TO REMEMBER FOR NEXT TIME:

_____

_____

_____

DATE:___/___/___   TIME: ___:___

WEATHER: _____

WHO: _____

DEPARTING FROM: _____

ODOMETER READING: _____

$ _____ PER GALLON _____ GALLONS

TOTAL MILES_____

MILES PER GALLON:_____

OTHER: _____

_____

ROUTE TAKEN: _____

PIT STOP: _____

SLEEPING + DINING EXPERIENCES:

_____

_____

_____

PLACES TO REMEMBER FOR NEXT TIME:

_____

_____

_____

DATE:___/___/___   TIME: ___:___

WEATHER: _____

WHO: _____

DEPARTING FROM: _____

ODOMETER READING: _____

$ _____ PER GALLON _____ GALLONS

TOTAL MILES_____

MILES PER GALLON: _____

OTHER: _____

_____

ROUTE TAKEN: _____

PIT STOP: _____

SLEEPING + DINING EXPERIENCES:

_____

_____

_____

PLACES TO REMEMBER FOR NEXT TIME:

_____

_____

_____

DATE:___/___/___   TIME: ___:___

WEATHER: _____

WHO: _____

DEPARTING FROM: _____

ODOMETER READING: _____

$ _____ PER GALLON _____ GALLONS

TOTAL MILES_____

MILES PER GALLON:_____

OTHER: _____

_____

ROUTE TAKEN: _____

PIT STOP: _____

SLEEPING + DINING EXPERIENCES:

_____

_____

_____

PLACES TO REMEMBER FOR NEXT TIME:

_____

_____

_____

DATE:___/___/___   TIME: ___:___

WEATHER: _____

WHO: _____

DEPARTING FROM: _____

ODOMETER READING: _____

$_____ PER GALLON _____ GALLONS

TOTAL MILES_____

MILES PER GALLON:_____

OTHER: _____

_____

ROUTE TAKEN: _____

PIT STOP: _____

SLEEPING + DINING EXPERIENCES:

_____

_____

_____

PLACES TO REMEMBER FOR NEXT TIME:

_____

_____

_____

DATE:___/___/___   TIME: ___:___

WEATHER: _____

WHO: _____

DEPARTING FROM: _____

ODOMETER READING: _____

$_____ PER GALLON _____ GALLONS

TOTAL MILES_____

MILES PER GALLON: _____

OTHER: _____

_____

ROUTE TAKEN: _____

PIT STOP: _____

SLEEPING + DINING EXPERIENCES:

_____

_____

_____

PLACES TO REMEMBER FOR NEXT TIME:

_____

_____

_____

DATE:___/___/___   TIME: ___:___

WEATHER: _____

WHO: _____

DEPARTING FROM: _____

ODOMETER READING: _____

$ _____ PER GALLON _____ GALLONS

TOTAL MILES_____

MILES PER GALLON: _____

OTHER: _____

_____

ROUTE TAKEN: _____

PIT STOP: _____

SLEEPING + DINING EXPERIENCES:

_____

_____

_____

PLACES TO REMEMBER FOR NEXT TIME:

_____

_____

_____

DATE:___/___/___   TIME: ___:___

WEATHER: _____

WHO: _____

DEPARTING FROM: _____

ODOMETER READING: _____

$ _____ PER GALLON _____ GALLONS

TOTAL MILES_____

MILES PER GALLON:_____

OTHER: _____

_____

ROUTE TAKEN: _____

PIT STOP: _____

SLEEPING + DINING EXPERIENCES:

_____

_____

_____

PLACES TO REMEMBER FOR NEXT TIME:

_____

_____

_____

DATE:___/___/___   TIME: ___:___

WEATHER: _____

WHO: _____

DEPARTING FROM: _____

ODOMETER READING: _____

$ _____ PER GALLON _____ GALLONS

TOTAL MILES_____

MILES PER GALLON: _____

OTHER: _____

_____

ROUTE TAKEN: _____

PIT STOP: _____

SLEEPING & DINING EXPERIENCES:

_____

_____

_____

PLACES TO REMEMBER FOR NEXT TIME:

_____

_____

_____

DATE:___/___/___ TIME: ___:___

WEATHER: _____

WHO: _____

DEPARTING FROM: _____

ODOMETER READING: _____

$ _____ PER GALLON _____ GALLONS

TOTAL MILES_____

MILES PER GALLON:_____

OTHER: _____

_____

ROUTE TAKEN: _____

PIT STOP: _____

SLEEPING & DINING EXPERIENCES:

_____

_____

_____

PLACES TO REMEMBER FOR NEXT TIME:

_____

_____

_____

DATE:___/___/___   TIME: ___:___

WEATHER: _____

WHO: _____

DEPARTING FROM: _____

ODOMETER READING: _____

$_____ PER GALLON _____ GALLONS

TOTAL MILES_____

MILES PER GALLON: _____

OTHER: _____

_____

ROUTE TAKEN: _____

PIT STOP: _____

SLEEPING + DINING EXPERIENCES:

_____

_____

_____

PLACES TO REMEMBER FOR NEXT TIME:

_____

_____

_____

DATE:___/___/___   TIME: ___:___

WEATHER: _____

WHO: _____

DEPARTING FROM: _____

ODOMETER READING: _____

$_____ PER GALLON _____ GALLONS

TOTAL MILES_____

MILES PER GALLON: _____

OTHER: _____

_____

ROUTE TAKEN: _____

PIT STOP: _____

SLEEPING + DINING EXPERIENCES:

_____

_____

_____

PLACES TO REMEMBER FOR NEXT TIME:

_____

_____

_____

DATE:___/___/___   TIME: ___:___

WEATHER: _____

WHO: _____

DEPARTING FROM: _____

ODOMETER READING: _____

$ _____ PER GALLON _____ GALLONS

TOTAL MILES_____

MILES PER GALLON: _____

OTHER: _____

_____

ROUTE TAKEN: _____

PIT STOP: _____

SLEEPING & DINING EXPERIENCES:

_____

_____

_____

PLACES TO REMEMBER FOR NEXT TIME:

_____

_____

_____

DATE:___/___/___   TIME: ___:___

WEATHER: _____

WHO: _____

DEPARTING FROM: _____

ODOMETER READING: _____

$ _____ PER GALLON _____ GALLONS

TOTAL MILES_____

MILES PER GALLON:_____

OTHER: _____

_____

ROUTE TAKEN: _____

PIT STOP: _____

SLEEPING + DINING EXPERIENCES:

_____

_____

_____

PLACES TO REMEMBER FOR NEXT TIME:

_____

_____

_____

DATE:___/___/___   TIME: ___:___

WEATHER: _____

WHO: _____

DEPARTING FROM: _____

ODOMETER READING: _____

$ _____ PER GALLON _____ GALLONS

TOTAL MILES _____

MILES PER GALLON: _____

OTHER: _____

_____

ROUTE TAKEN: _____

PIT STOP: _____

SLEEPING + DINING EXPERIENCES:

_____

_____

_____

PLACES TO REMEMBER FOR NEXT TIME:

_____

_____

_____

DATE:___/___/___   TIME: ___:___

WEATHER: _____

WHO: _____

DEPARTING FROM: _____

ODOMETER READING: _____

$_____ PER GALLON _____ GALLONS

TOTAL MILES_____

MILES PER GALLON:_____

OTHER: _____

_____

ROUTE TAKEN: _____

PIT STOP: _____

SLEEPING + DINING EXPERIENCES:

_____

_____

_____

PLACES TO REMEMBER FOR NEXT TIME:

_____

_____

_____

DATE:___/___/___   TIME: ___:___

WEATHER: _____

WHO: _____

DEPARTING FROM: _____

ODOMETER READING: _____

$_____ PER GALLON _____ GALLONS

TOTAL MILES_____

MILES PER GALLON: _____

OTHER: _____
_____

ROUTE TAKEN: _____

PIT STOP: _____

SLEEPING + DINING EXPERIENCES:
_____
_____
_____

PLACES TO REMEMBER FOR NEXT TIME:
_____
_____
_____

DATE:___/___/___   TIME: ___:___

WEATHER: _____

WHO: _____

DEPARTING FROM: _____

ODOMETER READING: _____

$ _____ PER GALLON _____ GALLONS

TOTAL MILES_____

MILES PER GALLON:_____

OTHER: _____

_____

ROUTE TAKEN: _____

PIT STOP: _____

SLEEPING & DINING EXPERIENCES:

_____

_____

_____

PLACES TO REMEMBER FOR NEXT TIME:

_____

_____

_____

DATE:___/___/___   TIME: ___:___

WEATHER: _____

WHO: _____

DEPARTING FROM: _____

ODOMETER READING: _____

$ _____ PER GALLON _____ GALLONS

TOTAL MILES _____

MILES PER GALLON: _____

OTHER: _____

_____

ROUTE TAKEN: _____

PIT STOP: _____

SLEEPING + DINING EXPERIENCES:

_____

_____

_____

PLACES TO REMEMBER FOR NEXT TIME:

_____

_____

_____

DATE:___/___/___   TIME: ___:___

WEATHER: _____

WHO: _____

DEPARTING FROM: _____

ODOMETER READING: _____

$ _____ PER GALLON _____ GALLONS

TOTAL MILES_____

MILES PER GALLON:_____

OTHER: _____

_____

ROUTE TAKEN: _____

PIT STOP: _____

   SLEEPING + DINING EXPERIENCES:

_____

_____

_____

PLACES TO REMEMBER FOR NEXT TIME:

_____

_____

_____

DATE:___/___/___   TIME: ___:___

WEATHER: _____

WHO: _____

DEPARTING FROM: _____

ODOMETER READING: _____

$ _____ PER GALLON _____ GALLONS

TOTAL MILES_____

MILES PER GALLON: _____

OTHER: _____

_____

ROUTE TAKEN: _____

PIT STOP: _____

SLEEPING + DINING EXPERIENCES:

_____

_____

_____

PLACES TO REMEMBER FOR NEXT TIME:

_____

_____

_____

DATE:__/__/__   TIME: __:__

WEATHER: _____

WHO: _____

DEPARTING FROM: _____

ODOMETER READING: _____

$_____ PER GALLON _____ GALLONS

TOTAL MILES_____

MILES PER GALLON:_____

OTHER: _____

_____

ROUTE TAKEN: _____

PIT STOP: _____

SLEEPING + DINING EXPERIENCES:

_____

_____

_____

PLACES TO REMEMBER FOR NEXT TIME:

_____

_____

_____

DATE:___/___/___   TIME: ___:___

WEATHER: _____

WHO: _____

DEPARTING FROM: _____

ODOMETER READING: _____

$ _____ PER GALLON _____ GALLONS

TOTAL MILES_____

MILES PER GALLON:_____

OTHER: _____
_____

ROUTE TAKEN: _____

PIT STOP: _____

SLEEPING & DINING EXPERIENCES:

_____
_____
_____

PLACES TO REMEMBER FOR NEXT TIME:

_____
_____
_____

DATE:___/___/___   TIME: ___:___

WEATHER: _____

WHO: _____

DEPARTING FROM: _____

ODOMETER READING: _____

$_____ PER GALLON _____ GALLONS

TOTAL MILES_____

MILES PER GALLON:_____

OTHER: _____

_____

ROUTE TAKEN: _____

PIT STOP: _____

SLEEPING + DINING EXPERIENCES:

_____

_____

_____

PLACES TO REMEMBER FOR NEXT TIME:

_____

_____

_____

DATE:___/___/___   TIME: ___:___

WEATHER: _____

WHO: _____

DEPARTING FROM: _____

ODOMETER READING: _____

$_____ PER GALLON _____ GALLONS

TOTAL MILES_____

MILES PER GALLON: _____

OTHER: _____

_____

ROUTE TAKEN: _____

PIT STOP: _____

SLEEPING & DINING EXPERIENCES:

_____

_____

_____

PLACES TO REMEMBER FOR NEXT TIME:

_____

_____

_____

DATE:__/__/__   TIME: __:__

WEATHER: _____

WHO: _____

DEPARTING FROM: _____

ODOMETER READING: _____

$ _____ PER GALLON _____ GALLONS

TOTAL MILES_____

MILES PER GALLON: _____

OTHER: _____

_____

ROUTE TAKEN: _____

PIT STOP: _____

SLEEPING + DINING EXPERIENCES:

_____

_____

_____

PLACES TO REMEMBER FOR NEXT TIME:

_____

_____

_____

DATE:___/___/___   TIME: ___:___

WEATHER: _____

WHO: _____

DEPARTING FROM: _____

ODOMETER READING: _____

$_____ PER GALLON _____ GALLONS

TOTAL MILES_____

MILES PER GALLON:_____

OTHER: _____

_____

ROUTE TAKEN: _____

PIT STOP: _____

SLEEPING + DINING EXPERIENCES:

_____

_____

_____

PLACES TO REMEMBER FOR NEXT TIME:

_____

_____

_____

DATE:___/___/___   TIME: ___:___

WEATHER: _____

WHO: _____

DEPARTING FROM: _____

ODOMETER READING: _____

$ _____ PER GALLON _____ GALLONS

TOTAL MILES_____

MILES PER GALLON:_____

OTHER: _____

_____

ROUTE TAKEN: _____

PIT STOP: _____

SLEEPING + DINING EXPERIENCES:

_____

_____

_____

PLACES TO REMEMBER FOR NEXT TIME:

_____

_____

_____

DATE:___/___/___   TIME: ___:___

WEATHER: _____

WHO: _____

DEPARTING FROM: _____

ODOMETER READING: _____

$_____ PER GALLON _____ GALLONS

TOTAL MILES_____

MILES PER GALLON:_____

OTHER: _____

_____

ROUTE TAKEN: _____

PIT STOP: _____

SLEEPING + DINING EXPERIENCES:

_____

_____

_____

PLACES TO REMEMBER FOR NEXT TIME:

_____

_____

_____

DATE:___/___/___   TIME: ___:___

WEATHER: _____

WHO: _____

DEPARTING FROM: _____

ODOMETER READING: _____

$ _____ PER GALLON _____ GALLONS

TOTAL MILES_____

MILES PER GALLON: _____

OTHER: _____

_____

ROUTE TAKEN: _____

PIT STOP: _____

SLEEPING + DINING EXPERIENCES:

_____

_____

_____

PLACES TO REMEMBER FOR NEXT TIME:

_____

_____

_____

DATE:___/___/___   TIME: ___:___

WEATHER: _____

WHO: _____

DEPARTING FROM: _____

ODOMETER READING: _____

$ _____ PER GALLON _____ GALLONS

TOTAL MILES_____

MILES PER GALLON: _____

OTHER: _____

_____

ROUTE TAKEN: _____

PIT STOP: _____

SLEEPING + DINING EXPERIENCES:

_____

_____

_____

PLACES TO REMEMBER FOR NEXT TIME:

_____

_____

_____

DATE:___/___/___   TIME: ___:___

WEATHER: _____

WHO: _____

DEPARTING FROM: _____

ODOMETER READING: _____

$_____ PER GALLON _____ GALLONS

TOTAL MILES_____

MILES PER GALLON:_____

OTHER: _____

_____

ROUTE TAKEN: _____

PIT STOP: _____

SLEEPING + DINING EXPERIENCES:

_____

_____

_____

PLACES TO REMEMBER FOR NEXT TIME:

_____

_____

_____

DATE:__/__/__ TIME: __:__

WEATHER: _____

WHO: _____

DEPARTING FROM: _____

ODOMETER READING: _____

$ _____ PER GALLON _____ GALLONS

TOTAL MILES_____

MILES PER GALLON: _____

OTHER: _____

_____

ROUTE TAKEN: _____

PIT STOP: _____

SLEEPING + DINING EXPERIENCES:

_____

_____

_____

PLACES TO REMEMBER FOR NEXT TIME:

_____

_____

_____

DATE:___/___/___   TIME: ___:___

WEATHER: _____

WHO: _____

DEPARTING FROM: _____

ODOMETER READING: _____

$ _____ PER GALLON _____ GALLONS

TOTAL MILES_____

MILES PER GALLON:_____

OTHER: _____

_____

ROUTE TAKEN: _____

PIT STOP: _____

SLEEPING + DINING EXPERIENCES:

_____

_____

_____

PLACES TO REMEMBER FOR NEXT TIME:

_____

_____

_____

DATE:___/___/___ TIME: ___:___

WEATHER: _____

WHO: _____

DEPARTING FROM: _____

ODOMETER READING: _____

$ _____ PER GALLON _____ GALLONS

TOTAL MILES_____

MILES PER GALLON: _____

OTHER: _____

_____

ROUTE TAKEN: _____

PIT STOP: _____

SLEEPING + DINING EXPERIENCES:

_____

_____

_____

PLACES TO REMEMBER FOR NEXT TIME:

_____

_____

_____

DATE:___/___/___   TIME: ___:___

WEATHER: _____

WHO: _____

DEPARTING FROM: _____

ODOMETER READING: _____

$ _____ PER GALLON _____ GALLONS

TOTAL MILES_____

MILES PER GALLON:_____

OTHER: _____

_____

ROUTE TAKEN: _____

PIT STOP: _____

SLEEPING + DINING EXPERIENCES:

_____

_____

_____

PLACES TO REMEMBER FOR NEXT TIME:

_____

_____

_____

DATE:___/___/___   TIME: ___:___

WEATHER: _____

WHO: _____

DEPARTING FROM: _____

ODOMETER READING: _____

$ _____ PER GALLON _____ GALLONS

TOTAL MILES_____

MILES PER GALLON: _____

OTHER: _____

_____

ROUTE TAKEN: _____

PIT STOP: _____

SLEEPING + DINING EXPERIENCES:

_____

_____

_____

PLACES TO REMEMBER FOR NEXT TIME:

_____

_____

_____

DATE:___/___/___   TIME: ___:___

WEATHER: _____

WHO: _____

DEPARTING FROM: _____

ODOMETER READING: _____

$ _____ PER GALLON _____ GALLONS

TOTAL MILES_____

MILES PER GALLON:_____

OTHER: _____

_____

ROUTE TAKEN: _____

PIT STOP: _____

SLEEPING + DINING EXPERIENCES:

_____

_____

_____

PLACES TO REMEMBER FOR NEXT TIME:

_____

_____

_____

DATE:___/___/___   TIME: ___:___

WEATHER: _____

WHO: _____

DEPARTING FROM: _____

ODOMETER READING: _____

$ _____ PER GALLON _____ GALLONS

TOTAL MILES_____

MILES PER GALLON: _____

OTHER: _____

_____

ROUTE TAKEN: _____

PIT STOP: _____

SLEEPING + DINING EXPERIENCES:

_____

_____

_____

PLACES TO REMEMBER FOR NEXT TIME:

_____

_____

_____

DATE:__/__/__ TIME: __:__

WEATHER: _____

WHO: _____

DEPARTING FROM: _____

ODOMETER READING: _____

$ _____ PER GALLON _____ GALLONS

TOTAL MILES_____

MILES PER GALLON:_____

OTHER: _____

_____

ROUTE TAKEN: _____

PIT STOP: _____

SLEEPING + DINING EXPERIENCES:

_____

_____

_____

PLACES TO REMEMBER FOR NEXT TIME:

_____

_____

_____

DATE:___/___/___ TIME: ___:___

WEATHER: _____

WHO: _____

DEPARTING FROM: _____

ODOMETER READING: _____

$ _____ PER GALLON _____ GALLONS

TOTAL MILES _____

MILES PER GALLON: _____

OTHER: _____
_____

ROUTE TAKEN: _____

PIT STOP: _____

SLEEPING + DINING EXPERIENCES:
_____
_____
_____

PLACES TO REMEMBER FOR NEXT TIME:
_____
_____
_____

DATE:___/___/___   TIME: ___:___

WEATHER: _____

WHO: _____

DEPARTING FROM: _____

ODOMETER READING: _____

$ _____ PER GALLON _____ GALLONS

TOTAL MILES_____

MILES PER GALLON: _____

OTHER: _____

_____

ROUTE TAKEN: _____

PIT STOP: _____

SLEEPING + DINING EXPERIENCES:

_____

_____

_____

PLACES TO REMEMBER FOR NEXT TIME:

_____

_____

_____

DATE:___/___/___   TIME: ___:___

WEATHER: _____

WHO: _____

DEPARTING FROM: _____

ODOMETER READING: _____

$ _____ PER GALLON _____ GALLONS

TOTAL MILES_____

MILES PER GALLON:_____

OTHER: _____

_____

ROUTE TAKEN: _____

PIT STOP: _____

SLEEPING & DINING EXPERIENCES:

_____

_____

_____

PLACES TO REMEMBER FOR NEXT TIME:

_____

_____

_____

DATE:___/___/___   TIME: ___:___

WEATHER: _____

WHO: _____

DEPARTING FROM: _____

ODOMETER READING: _____

$ _____ PER GALLON _____ GALLONS

TOTAL MILES_____

MILES PER GALLON:_____

OTHER: _____

_____

ROUTE TAKEN: _____

PIT STOP: _____

SLEEPING + DINING EXPERIENCES:

_____

_____

_____

PLACES TO REMEMBER FOR NEXT TIME:

_____

_____

_____

DATE:___/___/___   TIME: ___:___

WEATHER: _____

WHO: _____

DEPARTING FROM: _____

ODOMETER READING: _____

$ _____ PER GALLON _____ GALLONS

TOTAL MILES_____

MILES PER GALLON: _____

OTHER: _____
_____

ROUTE TAKEN: _____

PIT STOP: _____

SLEEPING + DINING EXPERIENCES:
_____
_____
_____

PLACES TO REMEMBER FOR NEXT TIME:
_____
_____
_____

DATE:___/___/___ TIME: ___:___

WEATHER: _____

WHO: _____

DEPARTING FROM: _____

ODOMETER READING: _____

$_____ PER GALLON _____ GALLONS

TOTAL MILES_____

MILES PER GALLON:_____

OTHER: _____

_____

ROUTE TAKEN: _____

PIT STOP: _____

SLEEPING + DINING EXPERIENCES:

_____

_____

_____

PLACES TO REMEMBER FOR NEXT TIME:

_____

_____

_____

DATE:___/___/___   TIME: ___:___

WEATHER: _____

WHO: _____

DEPARTING FROM: _____

ODOMETER READING: _____

$_____ PER GALLON _____ GALLONS

TOTAL MILES_____

MILES PER GALLON:_____

OTHER: _____
_____

ROUTE TAKEN: _____

PIT STOP: _____

SLEEPING + DINING EXPERIENCES:
_____
_____
_____

PLACES TO REMEMBER FOR NEXT TIME:
_____
_____
_____

DATE:___/___/___ TIME: ___:___

WEATHER: _____

WHO: _____

DEPARTING FROM: _____

ODOMETER READING: _____

$_____ PER GALLON _____ GALLONS

TOTAL MILES_____

MILES PER GALLON: _____

OTHER: _____

_____

ROUTE TAKEN: _____

PIT STOP: _____

SLEEPING + DINING EXPERIENCES:

_____

_____

_____

PLACES TO REMEMBER FOR NEXT TIME:

_____

_____

_____

DATE:___/___/___   TIME: ___:___

WEATHER: _____

WHO: _____

DEPARTING FROM: _____

ODOMETER READING: _____

$_____ PER GALLON _____ GALLONS

TOTAL MILES_____

MILES PER GALLON:_____

OTHER: _____

_____

ROUTE TAKEN: _____

PIT STOP: _____

SLEEPING + DINING EXPERIENCES:

_____

_____

_____

PLACES TO REMEMBER FOR NEXT TIME:

_____

_____

_____

DATE:___/___/___   TIME: ___:___

WEATHER: _____

WHO: _____

DEPARTING FROM: _____

ODOMETER READING: _____

$ _____ PER GALLON _____ GALLONS

TOTAL MILES_____

MILES PER GALLON:_____

OTHER: _____

_____

ROUTE TAKEN: _____

PIT STOP: _____

SLEEPING + DINING EXPERIENCES:

_____

_____

_____

PLACES TO REMEMBER FOR NEXT TIME:

_____

_____

_____

DATE:___/___/___   TIME: ___:___

WEATHER: _____

WHO: _____

DEPARTING FROM: _____

ODOMETER READING: _____

$ _____ PER GALLON _____ GALLONS

TOTAL MILES_____

MILES PER GALLON: _____

OTHER: _____

_____

ROUTE TAKEN: _____

PIT STOP: _____

SLEEPING + DINING EXPERIENCES:

_____

_____

_____

PLACES TO REMEMBER FOR NEXT TIME:

_____

_____

_____

DATE:___/___/___   TIME: ___:___

WEATHER: _____

WHO: _____

DEPARTING FROM: _____

ODOMETER READING: _____

$_____ PER GALLON _____ GALLONS

TOTAL MILES_____

MILES PER GALLON:_____

OTHER: _____

_____

ROUTE TAKEN: _____

PIT STOP: _____

SLEEPING + DINING EXPERIENCES:

_____

_____

_____

PLACES TO REMEMBER FOR NEXT TIME:

_____

_____

_____

DATE:___/___/___   TIME: ___:___

WEATHER: _____

WHO: _____

DEPARTING FROM: _____

ODOMETER READING: _____

$_____ PER GALLON _____ GALLONS

TOTAL MILES_____

MILES PER GALLON:_____

OTHER: _____

_____

ROUTE TAKEN: _____

PIT STOP: _____

SLEEPING + DINING EXPERIENCES:

_____

_____

_____

PLACES TO REMEMBER FOR NEXT TIME:

_____

_____

_____

DATE:___/___/___   TIME: ___:___

WEATHER: _____

WHO: _____

DEPARTING FROM: _____

ODOMETER READING: _____

$ _____ PER GALLON _____ GALLONS

TOTAL MILES_____

MILES PER GALLON:_____

OTHER: _____

_____

ROUTE TAKEN: _____

PIT STOP: _____

SLEEPING + DINING EXPERIENCES:

_____

_____

_____

PLACES TO REMEMBER FOR NEXT TIME:

_____

_____

_____

DATE:___/___/___   TIME: ___:___

WEATHER: _____

WHO: _____

DEPARTING FROM: _____

ODOMETER READING: _____

$ _____ PER GALLON _____ GALLONS

TOTAL MILES_____

MILES PER GALLON: _____

OTHER: _____

_____

ROUTE TAKEN: _____

PIT STOP: _____

SLEEPING + DINING EXPERIENCES:

_____

_____

_____

PLACES TO REMEMBER FOR NEXT TIME:

_____

_____

_____

DATE:___/___/___   TIME: ___:___

WEATHER: _____

WHO: _____

DEPARTING FROM: _____

ODOMETER READING: _____

$ _____ PER GALLON _____ GALLONS

TOTAL MILES_____

MILES PER GALLON: _____

OTHER: _____

_____

ROUTE TAKEN: _____

PIT STOP: _____

SLEEPING & DINING EXPERIENCES:

_____

_____

_____

PLACES TO REMEMBER FOR NEXT TIME:

_____

_____

_____

DATE:___/___/___   TIME: ___:___

WEATHER: _____

WHO: _____

DEPARTING FROM: _____

ODOMETER READING: _____

$_____ PER GALLON _____ GALLONS

TOTAL MILES_____

MILES PER GALLON: _____

OTHER: _____

_____

ROUTE TAKEN: _____

PIT STOP: _____

SLEEPING + DINING EXPERIENCES:

_____

_____

_____

PLACES TO REMEMBER FOR NEXT TIME:

_____

_____

_____

DATE:___/___/___   TIME: ___:___

WEATHER: _____

WHO: _____

DEPARTING FROM: _____

ODOMETER READING: _____

$ _____ PER GALLON _____ GALLONS

TOTAL MILES_____

MILES PER GALLON:_____

OTHER: _____

_____

ROUTE TAKEN: _____

PIT STOP: _____

SLEEPING + DINING EXPERIENCES:

_____

_____

_____

PLACES TO REMEMBER FOR NEXT TIME:

_____

_____

_____

DATE:___/___/___   TIME: ___:___

WEATHER: _____

WHO: _____

DEPARTING FROM: _____

ODOMETER READING: _____

$ _____ PER GALLON _____ GALLONS

TOTAL MILES_____

MILES PER GALLON: _____

OTHER: _____
_____

ROUTE TAKEN: _____

PIT STOP: _____

SLEEPING + DINING EXPERIENCES:
_____
_____
_____

PLACES TO REMEMBER FOR NEXT TIME:
_____
_____
_____

DATE:___/___/___   TIME: ___:___

WEATHER: _____

WHO: _____

DEPARTING FROM: _____

ODOMETER READING: _____

$_____ PER GALLON _____ GALLONS

TOTAL MILES_____

MILES PER GALLON:_____

OTHER: _____

_____

ROUTE TAKEN: _____

PIT STOP: _____

SLEEPING + DINING EXPERIENCES:

_____

_____

_____

PLACES TO REMEMBER FOR NEXT TIME:

_____

_____

_____

DATE:___/___/___   TIME: ___:___

WEATHER: _____

WHO: _____

DEPARTING FROM: _____

ODOMETER READING: _____

$ _____ PER GALLON _____ GALLONS

TOTAL MILES_____

MILES PER GALLON: _____

OTHER: _____
_____

ROUTE TAKEN: _____

PIT STOP: _____

SLEEPING + DINING EXPERIENCES:
_____
_____
_____

PLACES TO REMEMBER FOR NEXT TIME:
_____
_____
_____

DATE:___/___/___   TIME: ___:___

WEATHER: _____

WHO: _____

DEPARTING FROM: _____

ODOMETER READING: _____

$_____ PER GALLON _____ GALLONS

TOTAL MILES_____

MILES PER GALLON:_____

OTHER: _____

_____

ROUTE TAKEN: _____

PIT STOP: _____

SLEEPING + DINING EXPERIENCES:

_____

_____

_____

PLACES TO REMEMBER FOR NEXT TIME:

_____

_____

_____

DATE:___/___/___   TIME: ___:___

WEATHER: _____

WHO: _____

DEPARTING FROM: _____

ODOMETER READING: _____

$ _____ PER GALLON _____ GALLONS

TOTAL MILES_____

MILES PER GALLON: _____

OTHER: _____

_____

ROUTE TAKEN: _____

PIT STOP: _____

SLEEPING + DINING EXPERIENCES:

_____

_____

_____

PLACES TO REMEMBER FOR NEXT TIME:

_____

_____

_____

DATE:___/___/___   TIME: ___:___

WEATHER: _____

WHO: _____

DEPARTING FROM: _____

ODOMETER READING: _____

$_____ PER GALLON _____ GALLONS

TOTAL MILES_____

MILES PER GALLON:_____

OTHER: _____

_____

ROUTE TAKEN: _____

PIT STOP: _____

SLEEPING + DINING EXPERIENCES:

_____

_____

_____

PLACES TO REMEMBER FOR NEXT TIME:

_____

_____

_____

DATE:__/__/__   TIME: __:__

WEATHER: _____

WHO: _____

DEPARTING FROM: _____

ODOMETER READING: _____

$_____ PER GALLON _____ GALLONS

TOTAL MILES_____

MILES PER GALLON:_____

OTHER: _____

_____

ROUTE TAKEN: _____

PIT STOP: _____

SLEEPING + DINING EXPERIENCES:

_____

_____

_____

PLACES TO REMEMBER FOR NEXT TIME:

_____

_____

_____

DATE:___/___/___ TIME: ___:___

WEATHER: _____

WHO: _____

DEPARTING FROM: _____

ODOMETER READING: _____

$ _____ PER GALLON _____ GALLONS

TOTAL MILES_____

MILES PER GALLON:_____

OTHER: _____

_____

ROUTE TAKEN: _____

PIT STOP: _____

SLEEPING + DINING EXPERIENCES:

_____

_____

_____

PLACES TO REMEMBER FOR NEXT TIME:

_____

_____

_____

DATE:___/___/___   TIME: ___:___

WEATHER: _____

WHO: _____

DEPARTING FROM: _____

ODOMETER READING: _____

$ _____ PER GALLON _____ GALLONS

TOTAL MILES_____

MILES PER GALLON: _____

OTHER: _____

_____

ROUTE TAKEN: _____

PIT STOP: _____

SLEEPING + DINING EXPERIENCES:

_____

_____

_____

PLACES TO REMEMBER FOR NEXT TIME:

_____

_____

_____

DATE:___/___/___   TIME: ___:___

WEATHER: _____

WHO: _____

DEPARTING FROM: _____

ODOMETER READING: _____

$_____ PER GALLON _____ GALLONS

TOTAL MILES_____

MILES PER GALLON: _____

OTHER: _____

_____

ROUTE TAKEN: _____

PIT STOP: _____

SLEEPING + DINING EXPERIENCES:

_____

_____

_____

PLACES TO REMEMBER FOR NEXT TIME:

_____

_____

_____

DATE:___/___/___   TIME: ___:___

WEATHER: _____

WHO: _____

DEPARTING FROM: _____

ODOMETER READING: _____

$_____ PER GALLON _____ GALLONS

TOTAL MILES_____

MILES PER GALLON:_____

OTHER: _____

_____

ROUTE TAKEN: _____

PIT STOP: _____

SLEEPING + DINING EXPERIENCES:

_____

_____

_____

PLACES TO REMEMBER FOR NEXT TIME:

_____

_____

_____

DATE:___/___/___   TIME: ___:___

WEATHER: _____

WHO: _____

DEPARTING FROM: _____

ODOMETER READING: _____

$ _____ PER GALLON _____ GALLONS

TOTAL MILES_____

MILES PER GALLON:_____

OTHER: _____

_____

ROUTE TAKEN: _____

PIT STOP: _____

SLEEPING + DINING EXPERIENCES:

_____

_____

_____

PLACES TO REMEMBER FOR NEXT TIME:

_____

_____

_____

DATE:___/___/___   TIME: ___:___

WEATHER: _____

WHO: _____

DEPARTING FROM: _____

ODOMETER READING: _____

$ _____ PER GALLON _____ GALLONS

TOTAL MILES_____

MILES PER GALLON:_____
OTHER: _____

_____

ROUTE TAKEN: _____
PIT STOP: _____

SLEEPING + DINING EXPERIENCES:

_____
_____
_____

PLACES TO REMEMBER FOR NEXT TIME:

_____
_____
_____

DATE:__/__/__   TIME: __:__

WEATHER: _____

WHO: _____

DEPARTING FROM: _____

ODOMETER READING: _____

$ _____ PER GALLON _____ GALLONS

TOTAL MILES_____

MILES PER GALLON: _____

OTHER: _____

_____

ROUTE TAKEN: _____

PIT STOP: _____

SLEEPING + DINING EXPERIENCES:

_____

_____

_____

PLACES TO REMEMBER FOR NEXT TIME:

_____

_____

_____

DATE:___/___/___   TIME: ___:___

WEATHER: _____

WHO: _____

DEPARTING FROM: _____

ODOMETER READING: _____

$ _____ PER GALLON _____ GALLONS

TOTAL MILES_____

MILES PER GALLON: _____

OTHER: _____

_____

ROUTE TAKEN: _____

PIT STOP: _____

SLEEPING + DINING EXPERIENCES:

_____

_____

_____

PLACES TO REMEMBER FOR NEXT TIME:

_____

_____

_____

DATE:___/___/___   TIME: ___:___

WEATHER: _____

WHO: _____

DEPARTING FROM: _____

ODOMETER READING: _____

$ _____ PER GALLON _____ GALLONS

TOTAL MILES_____

MILES PER GALLON: _____

OTHER: _____

_____

ROUTE TAKEN: _____

PIT STOP: _____

SLEEPING + DINING EXPERIENCES:

_____

_____

_____

PLACES TO REMEMBER FOR NEXT TIME:

_____

_____

_____

DATE:___/___/___   TIME: ___:___

WEATHER: _____

WHO: _____

DEPARTING FROM: _____

ODOMETER READING: _____

$ _____ PER GALLON _____ GALLONS

TOTAL MILES_____

MILES PER GALLON: _____

OTHER: _____

_____

ROUTE TAKEN: _____

PIT STOP: _____

SLEEPING + DINING EXPERIENCES:

_____

_____

_____

PLACES TO REMEMBER FOR NEXT TIME:

_____

_____

_____

DATE:___/___/___   TIME: ___:___

WEATHER: _____

WHO: _____

DEPARTING FROM: _____

ODOMETER READING: _____

$_____ PER GALLON _____ GALLONS

TOTAL MILES_____

MILES PER GALLON:_____

OTHER: _____

_____

ROUTE TAKEN: _____

PIT STOP: _____

SLEEPING + DINING EXPERIENCES:

_____

_____

_____

PLACES TO REMEMBER FOR NEXT TIME:

_____

_____

_____

DATE:___/___/___   TIME: ___:___

WEATHER: _____

WHO: _____

DEPARTING FROM: _____

ODOMETER READING: _____

$ _____ PER GALLON _____ GALLONS

TOTAL MILES_____

MILES PER GALLON: _____

OTHER: _____

_____

ROUTE TAKEN: _____

PIT STOP: _____

SLEEPING + DINING EXPERIENCES:

_____

_____

_____

PLACES TO REMEMBER FOR NEXT TIME:

_____

_____

_____

DATE:___/___/___   TIME: ___:___

WEATHER: _____

WHO: _____

DEPARTING FROM: _____

ODOMETER READING: _____

$_____ PER GALLON _____ GALLONS

TOTAL MILES_____

MILES PER GALLON: _____

OTHER: _____

_____

ROUTE TAKEN: _____

PIT STOP: _____

SLEEPING + DINING EXPERIENCES:

_____

_____

_____

PLACES TO REMEMBER FOR NEXT TIME:

_____

_____

_____

DATE:__/__/__   TIME: __:__

WEATHER: _____

WHO: _____

DEPARTING FROM: _____

ODOMETER READING: _____

$_____ PER GALLON _____ GALLONS

TOTAL MILES_____

MILES PER GALLON: _____

OTHER: _____

_____

ROUTE TAKEN: _____

PIT STOP: _____

SLEEPING + DINING EXPERIENCES:

_____

_____

_____

PLACES TO REMEMBER FOR NEXT TIME:

_____

_____

_____

DATE:__/__/__   TIME: __:__

WEATHER: _____

WHO: _____

DEPARTING FROM: _____

ODOMETER READING: _____

$_____ PER GALLON _____ GALLONS

TOTAL MILES_____

MILES PER GALLON: _____

OTHER: _____

_____

ROUTE TAKEN: _____

PIT STOP: _____

SLEEPING + DINING EXPERIENCES:

_____

_____

_____

PLACES TO REMEMBER FOR NEXT TIME:

_____

_____

_____

DATE:___/___/___   TIME: ___:___

WEATHER: _____

WHO: _____

DEPARTING FROM: _____

ODOMETER READING: _____

$_____ PER GALLON _____ GALLONS

TOTAL MILES_____

MILES PER GALLON:_____

OTHER: _____

_____

ROUTE TAKEN: _____

PIT STOP: _____

SLEEPING + DINING EXPERIENCES:

_____

_____

_____

PLACES TO REMEMBER FOR NEXT TIME:

_____

_____

_____

DATE:___/___/___ TIME: ___:___

WEATHER: _____

WHO: _____

DEPARTING FROM: _____

ODOMETER READING: _____

$_____ PER GALLON _____ GALLONS

TOTAL MILES_____

MILES PER GALLON: _____

OTHER: _____

_____

ROUTE TAKEN: _____

PIT STOP: _____

SLEEPING + DINING EXPERIENCES:

_____

_____

_____

PLACES TO REMEMBER FOR NEXT TIME:

_____

_____

_____

DATE:___/___/___   TIME: ___:___

WEATHER: _____

WHO: _____

DEPARTING FROM: _____

ODOMETER READING: _____

$ _____ PER GALLON _____ GALLONS

TOTAL MILES_____

MILES PER GALLON: _____

OTHER: _____

_____

ROUTE TAKEN: _____

PIT STOP: _____

SLEEPING + DINING EXPERIENCES:

_____

_____

_____

PLACES TO REMEMBER FOR NEXT TIME:

_____

_____

_____

DATE:__/__/__ TIME: __:__

WEATHER: _____

WHO: _____

DEPARTING FROM: _____

ODOMETER READING: _____

$_____ PER GALLON _____ GALLONS

TOTAL MILES_____

MILES PER GALLON:_____

OTHER: _____

_____

ROUTE TAKEN: _____

PIT STOP: _____

SLEEPING + DINING EXPERIENCES:

_____

_____

_____

PLACES TO REMEMBER FOR NEXT TIME:

_____

_____

_____

DATE:___/___/___   TIME: ___:___

WEATHER: _____

WHO: _____

DEPARTING FROM: _____

ODOMETER READING: _____

$_____ PER GALLON _____ GALLONS

TOTAL MILES_____

MILES PER GALLON:_____

OTHER: _____

_____

ROUTE TAKEN: _____

PIT STOP: _____

SLEEPING + DINING EXPERIENCES:

_____

_____

_____

PLACES TO REMEMBER FOR NEXT TIME:

_____

_____

_____

DATE:___/___/___   TIME: ___:___

WEATHER: _____

WHO: _____

DEPARTING FROM: _____

ODOMETER READING: _____

$ _____ PER GALLON _____ GALLONS

TOTAL MILES_____

MILES PER GALLON:_____

OTHER: _____

_____

ROUTE TAKEN: _____

PIT STOP: _____

SLEEPING + DINING EXPERIENCES:

_____

_____

_____

PLACES TO REMEMBER FOR NEXT TIME:

_____

_____

_____

DATE:___/___/___   TIME: ___:___

WEATHER: _____

WHO: _____

DEPARTING FROM: _____

ODOMETER READING: _____

$ _____ PER GALLON _____ GALLONS

TOTAL MILES_____

MILES PER GALLON: _____

OTHER: _____

_____

ROUTE TAKEN: _____

PIT STOP: _____

SLEEPING + DINING EXPERIENCES:

_____

_____

_____

PLACES TO REMEMBER FOR NEXT TIME:

_____

_____

_____

DATE:___/___/___   TIME: ___:___

WEATHER: _____

WHO: _____

DEPARTING FROM: _____

ODOMETER READING: _____

$_____ PER GALLON _____ GALLONS

TOTAL MILES_____

MILES PER GALLON:_____

OTHER: _____

_____

ROUTE TAKEN: _____

PIT STOP: _____

SLEEPING + DINING EXPERIENCES:

_____

_____

_____

PLACES TO REMEMBER FOR NEXT TIME:

_____

_____

_____

DATE:___/___/___ TIME: ___:___

WEATHER: _____

WHO: _____

DEPARTING FROM: _____

ODOMETER READING: _____

$_____ PER GALLON _____ GALLONS

TOTAL MILES_____

MILES PER GALLON: _____

OTHER: _____

_____

ROUTE TAKEN: _____

PIT STOP: _____

SLEEPING + DINING EXPERIENCES:

_____

_____

_____

PLACES TO REMEMBER FOR NEXT TIME:

_____

_____

_____

DATE:___/___/___   TIME: ___:___

WEATHER: _____

WHO: _____

DEPARTING FROM: _____

ODOMETER READING: _____

$_____ PER GALLON _____ GALLONS

TOTAL MILES_____

MILES PER GALLON: _____

OTHER: _____

_____

ROUTE TAKEN: _____

PIT STOP: _____

SLEEPING + DINING EXPERIENCES:

_____

_____

_____

PLACES TO REMEMBER FOR NEXT TIME:

_____

_____

_____

DATE:___/___/___   TIME: ___:___

WEATHER: _____

WHO: _____

DEPARTING FROM: _____

ODOMETER READING: _____

$ _____ PER GALLON _____ GALLONS

TOTAL MILES_____

MILES PER GALLON:_____

OTHER: _____

_____

ROUTE TAKEN: _____

PIT STOP: _____

SLEEPING + DINING EXPERIENCES:

_____

_____

_____

PLACES TO REMEMBER FOR NEXT TIME:

_____

_____

_____

DATE:___/___/___   TIME: ___:___

WEATHER: _____

WHO: _____

DEPARTING FROM: _____

ODOMETER READING: _____

$ _____ PER GALLON _____ GALLONS

TOTAL MILES_____

MILES PER GALLON:_____

OTHER: _____

_____

ROUTE TAKEN: _____

PIT STOP: _____

SLEEPING + DINING EXPERIENCES:

_____

_____

_____

PLACES TO REMEMBER FOR NEXT TIME:

_____

_____

_____

DATE:___/___/___   TIME: ___:___

WEATHER: _____

WHO: _____

DEPARTING FROM: _____

ODOMETER READING: _____

$_____ PER GALLON _____ GALLONS

TOTAL MILES_____

MILES PER GALLON: _____

OTHER: _____

_____

ROUTE TAKEN: _____

PIT STOP: _____

SLEEPING + DINING EXPERIENCES:

_____

_____

_____

PLACES TO REMEMBER FOR NEXT TIME:

_____

_____

_____

DATE:___/___/___   TIME: ___:___

WEATHER: _____

WHO: _____

DEPARTING FROM: _____

ODOMETER READING: _____

$ _____ PER GALLON _____ GALLONS

TOTAL MILES_____

MILES PER GALLON:_____

OTHER: _____

_____

ROUTE TAKEN: _____

PIT STOP: _____

SLEEPING + DINING EXPERIENCES:

_____

_____

_____

PLACES TO REMEMBER FOR NEXT TIME:

_____

_____

_____

DATE:___/___/___   TIME: ___:___

WEATHER: _____

WHO: _____

DEPARTING FROM: _____

ODOMETER READING: _____

$_____ PER GALLON _____ GALLONS

TOTAL MILES_____

MILES PER GALLON: _____

OTHER: _____

_____

ROUTE TAKEN: _____

PIT STOP: _____

SLEEPING + DINING EXPERIENCES:

_____

_____

_____

PLACES TO REMEMBER FOR NEXT TIME:

_____

_____

_____

DATE:___/___/___   TIME: ___:___

WEATHER: _____

WHO: _____

DEPARTING FROM: _____

ODOMETER READING: _____

$_____ PER GALLON _____ GALLONS

TOTAL MILES_____

MILES PER GALLON:_____

OTHER: _____

_____

ROUTE TAKEN: _____

PIT STOP: _____

SLEEPING + DINING EXPERIENCES:

_____

_____

_____

PLACES TO REMEMBER FOR NEXT TIME:

_____

_____

_____

DATE:___/___/___   TIME: ___:___

WEATHER: _____

WHO: _____

DEPARTING FROM: _____

ODOMETER READING: _____

$ _____ PER GALLON _____ GALLONS

TOTAL MILES_____

MILES PER GALLON: _____

OTHER: _____

_____

ROUTE TAKEN: _____

PIT STOP: _____

SLEEPING + DINING EXPERIENCES:

_____

_____

_____

PLACES TO REMEMBER FOR NEXT TIME:

_____

_____

_____

Printed in Great Britain
by Amazon